Eine Reise — was zu erzählen.
Viele Reisen — viel zu erzählen!

Zum Mitkommen auf
meine Reisen —

Gute Geschichten bessern die Welt.

Reinhard Schwarz

Unterwegs!

story.one – Life is a story

1. Auflage 2022
© Reinhard Schwarz

Herstellung, Gestaltung und Konzeption:
Verlag story.one publishing - www.story.one
Eine Marke der Storylution GmbH

Alle Rechte vorbehalten, insbesondere das des öffentlichen Vortrags, der Übertragung durch Rundfunk und Fernsehen sowie Übersetzung, auch einzelner Teile. Kein Teil des Werkes darf in irgendeiner Form (durch Fotografie, Mikrofilm oder andere Verfahren) ohne schriftliche Genehmigung des Copyright-Inhabers reproduziert oder unter Verwendung elektronischer Systeme verarbeitet, vervielfältigt oder verbreitet werden. Sämtliche Angaben in diesem Werk erfolgen trotz sorgfältiger Bearbeitung ohne Gewähr. Eine Haftung der Autoren bzw. Herausgeber und des Verlages ist ausgeschlossen.

Gesetzt aus Crimson Text und Lato.
© Fotos: Cover: Greg Rosenke

Printed in the European Union.

ISBN: 978-3-7108-2142-4

Es gibt überall Blumen für den, der sie
sehen will.
Henri Matisse

INHALT

Vom Reisen	9
Barfuß im Zug	13
Tischerl am Fenster!	17
Winterreise	21
Opa sein dagegen sehr…	25
Queensland Rail I	29
Queensland Rail II	33
Sie konnten zusammen nicht kommen	37
Unterwegs	41
Weiter unterwegs	45
Noch immer unterwegs	49
Beinahe - Sieg	53
Schottland I	57
Schottland II	61
Schottland III	65
Niugini pasin	69
Großstadtweihnacht	73

Vom Reisen

Reisen ist immer etwas Aufregendes, Spannendes und zumeist auch Erfreuliches. Die Anfangsphase der Planung hat für mich einen Rest jener kindlichen Freude, mit der ich einst auf dem Parkettmuster des elterlichen Wohnzimmers mit dem Schürhaken als Zug ausgedehnte Fahrten durch die mir bekannte Welt unternommen habe, mit Bahnhofsaufenthalten, Stationsansagen und so fort. Das alles war für mich real. Und wenn ich heute an Winterabenden über dem Atlas hocke und an eine künftige Urlaubsreise denke, dann werden die Linien darin wieder zu Geleisen und Straßen, und ich träume mich in Gegenden, über die ich etwas gelesen oder gehört habe. Ich erlebe die Reise, komme an und bin dort, lebe dort. Und wenn ich dann - oft lange Zeit später - diesen Traum verwirkliche, ist mir alles derart vertraut, dass ich das Gefühl habe, heim zu kommen.

Dieses Gefühl wurde mir als Elfjährigem richtig bewusst, als ich das erste Mal eine flämische Windmühle sah. Ich war mit einem Kindertransport nach Belgien zur Erholung geschickt worden, zu fremden Menschen in ein fremdes Land mit fremder Sprache, sodass ich anfangs nicht recht glücklich war. Doch dann kam ich bei einem Radausflug an dieser Windmühle vorbei, die genauso aussah, wie ich sie mir vorgestellt hatte – und war daheim.

Seitdem habe ich diese Erfahrung immer wieder gemacht. Es ist nicht das vordergründig Vertraute, was gleich ist wie zuhause, das diese Empfindung bewirkt. Ich meine, es ist vielmehr das Gefühl, an einen seit langem bekannten, altvertrauten Ort zu kommen, sozusagen dorthin zurückzukehren.

Als Absolvent des altehrwürdigen humanistischen Piaristengymnasiums in Wien fieberte ich einem Besuch in der „Ewigen Stadt" entgegen. Wohlvorbereitet durch 6 Jahre Lateinunterricht und wiederholte Reisen durch Norditalien wanderte ich staunend durch Rom, völlig fasziniert, wie sehr sich meine Erwartungen bewahrheitet hatten.

Ähnlich ging es mir bei einem Besuch in jenem Teil des „Parc Eurodisney" bei Paris, der dem Wilden Westen nachempfunden ist. Unbeachtet von den meisten Durchhastenden ist dort mit ungeheurer Liebe zum Detail ein Freilichtmuseum aufgebaut worden, in dem ich mich als langjähriger Karl-May-Leser sofort heimisch fühlte. Seitdem lehne ich den Gedanken an eine Wiedergeburt nicht mehr kategorisch ab.

Als Beweis für meine Theorie sehe ich das Eintreten des gegenteiligen Effektes. Als ich vor langer Zeit beschloss, einige Jahre im Busch der exotischen Insel Neuguinea zu verbringen, trat ich diese Reise trotz intensiver Vorbereitung mit sehr gemischten Gefühlen an, da es mir partout nicht gelingen wollte, diese für uns so unbekannte Welt in meiner Vorstellung zu realisieren. Es war dann wirklich so ziemlich alles anders als gedacht, und so dauerte es eine geraume Weile, bis ich mich einigermaßen eingelebt hatte. Das Gefühl wirklich heim zu kommen hatte ich dann 20 Jahre später beim ersten Besuch dort seitdem – da aber derart intensiv, dass es weh tat...

Barfuß im Zug

Als ich 10 war, hatte ich das Glück, fünf Wochen bei einer mir allerdings noch unbekannten Familie in Osttirol verbringen zu dürfen. Die vorbereitete Jause milderte ein wenig meine Sorge, ich müsste jetzt 5 Wochen im fremdsprachigen Ausland leben, denn die Nachbarskinder waren neugierig und nahmen mich zum Spielen mit; dabei kam ich drauf, dass sie mich problemlos verstanden, ich aber sie nicht.

Da las ich eines Tages in der Zeitung, dass auf einem Spielplatz in Lienz ein ausgemusterter Straßenbahnwagen aus Wien aufgestellt worden sei. Da schlug das Heimweh mit einem Male zu, und ich beschloss umgehend, eine Exkursion zu diesem Wagen zu machen. Da ich außerhalb der Mahlzeiten mein eigener Herr war, wanderte ich also am nächsten Tag nach dem Mittagessen zum Bahnhof und erwarb eine Fahrkarte nach Lienz und zurück. Der Zug hatte zwei Wagen: Einer davon war ein italienischer, das erkannte ich gleich. Es war ein dunkelgrauer „Centoporte", also ein Wagen ohne Gang, dafür mit vielen Türennebeneinander, für jedes Abteil eine auf jeder

Seite. Natürlich stieg ich dort ein, wer weiß, wann eine solche Gelegenheit wieder kommt? Ich setzte mich neben die Tür und stellte fest, dass das Abteil auf jeder Seite 3 schmale Fenster hatte: Eines in der Tür und je eines daneben.

Im Abteil saßen auch zwei Frauen, die sich zuerst unterhielten, aber aufmerksam wurden, weil ich natürlich die Mechanik der Fenster ergründen wollte, und mich streng ermahnten, während der Fahrt die Tür ja nicht zu öffnen, und es überhaupt vielleicht besser wäre, wenn ich mich in die Mitte des Abteils setzen würde. Das wollte ich natürlich nicht und setzte mich ganz brav hin. Sie konnten aber noch immer keine Ruhe geben und fragten mich, ob ich denn so arm sei und keine Schuhe hätte. Da fiel mir erst auf, dass ich barfuß unterwegs war, so wie eigentlich immer, außer am Sonntag in der Kirche. Peinlich, und das auf dem Weg in die Stadt!

Dort angekommen, kam ich drauf, dass ich keine Ahnung hatte, wo der Spielplatz sei, und fragte daher alle möglichen Leute, aber niemand hatte von einem Straßenbahnwagen aus Wien gehört. Nach einigem Herumirren beschloss ich schweren Herzens wieder heimzufahren - die Bahnfahrt war es schließlich auch wert gewesen.

Und als wir gerade erst losgefahren waren, die Bahnhofsweichen hinter uns gebracht hatten, da fiel mein Blick zufällig aus dem Fenster - und da stand er, rot und weiß und prächtig glänzend, auf einer runden Kiesfläche in einem Park! Der Wiener Wagen! Es gab ihn also doch! Ich danke unserer Bundesbahn heute noch für ihre Wagenkonstruktion mit den Ausstiegen an den Enden, denn bei einem Centoportewagen hätte ich womöglich wirklich die Tür aufreißen und hinausspringen wollen.

Jemand hat mich anscheinend verpetzt, denn meine Gasteltern haben mich abends scheinheilig gefragt, wie es denn in der Stadt gewesen sei. Falls ich wieder einmal so einen Ausflug plane, solle ich es ihnen bitteschön schon vorher sagen.

An was man alles denken soll!

Tischerl am Fenster!

Mit Baden hatte ich als Kind eine besondere Verbindung, eine sehr platonische allerdings. Wir wohnten in Wien, aber daheim war öfters von dieser Stadt die Rede, wie vornehm und wie schön sie sei. Das glaubte ich sofort, denn Baden hatte ja sogar eine eigene Eisenbahnlinie, die bis nach Wien führte, mitten hinein.

Deren Züge unterschieden sich in jeder Hinsicht von dem, was damals sonst auf Wiens Schienen dahinrumpelte. Das Augenscheinlichste war die blaue Farbe, die sonst nur der „Blaue Blitz" tragen durfte. Dann waren die Wagen vierachsig wie bei der richtigen Eisenbahn und besaßen geschlossene Türen - ein absoluter Luxus, denn damals fuhr selbst die Stadtbahn noch offen durch endlose Tunnels. Der Triebwagen hatte 2 Zusatzlampen auf dem Dach und 2 Stromabnehmer, auch das gab es auf der Straßenbahn nirgends. Die Endstation bei der Oper war zwar in einer kleinen Gasse parallel zum Ring versteckt, wenn dann aber ein Zug der Badnerbahn majestätisch um die Ecke bog, um die Fahrgäste gegenüber der Oper einsteigen zu lassen, wurde mir jedes Mal ganz feierlich zumute.

Außerdem hatte ich damals das Gefühl, die Stadt Baden müsse sehr weit weg sein, einerseits eben wegen der eigenen Bahnlinie, andrerseits, weil wir noch nie dort gewesen waren. Meine Eltern machten jeden Sonntagnachmittag einen kleinen Ausflug, meist in den Wienerwald, aber im Süden kamen wir nicht über Rodaun und den Parapluiberg hinaus.

Eines Tages war es doch soweit. Ich war ungeheuer aufgeregt, wie heute vielleicht ein Senior, der zum ersten Mal in ein Flugzeug steigt. Im Wagen die große Überraschung: Einerseits war es enger als erwartet, aber bei jedem Fenster gab es ein kleines Tischerl! An die Fahrt selbst erinnere ich mich nicht mehr, wohl aber an die große Umkehrschleife am Josefsplatz, die der Zug erst gänzlich umrundete, ehe die Passagiere aussteigen durften. Ich bekam tatsächlich Angst, dass wir sogleich wieder heimfahren würden!

Die Badnerbahn habe ich etwa 12 Jahre später noch einmal benützt, unbeabsichtigter Weise. Mein Vater geriet mit dem Auto bei Vösendorf in einen endlosen Stau, als Passagiere 5 Kinder. Da wir direkt vor einem Haltestellenhüttel der daneben verlaufenden Badnerbahn standen, schickte uns mein Vater dorthin, wo sich alsbald ein Zug näherte. Darin war es gemütlich warm, wir spürten den Frost aus den Zehen weichen und genossen die ruhige, relativ flotte Fahrt, Diese war allerdings an der Philadelphiabrücke zu Ende, denn die Wiener Straßenbahngleise erwiesen sich als ungleich rumpliger, und weiter ging auch nichts. Jedenfalls war mein Vater schon lange zuhause, als wir endlich heimkamen.

Mit der Badnerbahn bin ich seitdem noch einmal gefahren, erst kürzlich, rein aus Interesse und Neugier. Die Vierwagenzüge aus den 1920er Jahren sind modernen Städtetriebwagen gewichen, die Strecke ist in den Ortsdurchfahrten begradigt worden und in Wien geht's unterirdisch dahin; aber die Tischerl an den Fenstern gibt's noch immer!

Winterreise

Eines Winters musste mein Vater auf Erholung fahren, nach Mitterbach bei Mariazell. Das brachte mich auf die Idee, ihn am Wochenende zu besuchen. Nachdem ich meiner Mutter mühsam die Erlaubnis dazu abgerungen hatte - ich war erst 11 -, erwarb ich am Wiener Westbahnhof weltmännisch eine Fahrkarte und bestieg den richtigen Zug nach St. Pölten. Dort hatte ich Glück: Der Zug nach Mariazell war mit einer „alten" E-Lok bespannt.

Als wir in St. Pölten abfuhren, war es bereits dunkel. Dafür hatte ich vorsorglich ein Karl-May-Buch mitgenommen. Das Lesen ging einigermaßen, obwohl der Waggon ständig herumschlingerte und das Licht der wenigen Glühbirnen nicht besonders hell war und außerdem in einem schnellen Rhythmus flackerte. Nach langer Zeit, wahrscheinlich in den Bergen bei Puchenstuben, begann das Licht überhaupt zu zucken, gleichzeitig blitzte es draußen immer wieder. Ich stellte fest, dass wir in dichtem Nebel dahinrumpelten, der Bügel der Lok ständig funkenstiebende Blitze erzeugte, währenddessen herinnen das Licht zwinkerte, sodass mit dem Lesen nichts mehr zu machen war.

Der - arbeitslose - Schaffner erschien und setzte sich zu seinem einzigen Fahrgast. Er schimpfte über den Rauhreif auf dem Fahrdraht und gab seiner Sorge Ausdruck, dass wir womöglich stecken bleiben könnten. Er fragte mich über mein Buch aus und ließ sich den Inhalt erzählen. Dann fiel uns beiden nichts mehr ein, und er verschwand wieder, während ich voller Sorge beobachtete, wie sich der Zug blitzend und ruckelnd durch die Nacht mühte.

Gelegentlich änderte sich das Rumpelgeräusch, wurde lauter und klang von näher. Gleichzeitig leuchteten die Glühbirnen gleichmäßig, sodass ich ein tiefes Gefühl der Erleichterung und Dankbarkeit spürte - nur hielt dieser paradiesische Zustand nicht lange an. Denn kaum war der Zug aus dem Tunnel draußen, ging das Blitzen und Ruckeln wieder los.

Nach einem sehr langen Tunnel, so lang, dass ich schon Angst bekam, wir hätten uns verfahren, änderte sich die Dunkelheit vor dem Fenster. Irgendwie war sie durchsichtig, unwirklich. Jetzt war ich wirklich überzeugt, dass wir in eine andere Welt gefahren waren, und begann mir große Sorgen zu machen, wie ich von dort nach Mitterbach käme. Während ich noch grübelte, riss der Schaffner die Tür auf, lachte über das ganze Gesicht und rief, dass wir es geschafft hätten und es auf dieser Seite des Berges zwar sehr kalt, aber klar wäre, und dass wir in einer Viertelstunde in Mitterbach sein würden.

Wir schafften es also tatsächlich. Im St. Josefs-Heim öffnete mir eine alte Klosterschwester und sah mich vorwurfsvoll an. Was mir denn einfiele, mitten in der Nacht Sturm zu läuten, fragte sie. Nachdem ich ihr erklärt hatte, dass ich meinen Vater besuchen wolle, wurde sie freundlicher, führte mich zu seinem Zimmer und schleppte eine Matratze daher, auf der ich sogleich einschlief.

Bei der Heimreise am nächsten Tag herrschte Bilderbuchwetter, jedenfalls solange es hell war!

Opa sein dagegen sehr...

Als meine älteste Enkelin noch sehr jung war, wollte ich mit ihr per Bahn von der Obersteiermark nach Melk fahren. Vor dem Bahnhof von Selzthal steht eine große Dampflok, die wir vor der Abfahrt noch ausführlich besichtigen mussten. Das Wetter war schön, die Luft mild, und so bot sich eine Bank im Grünen als Jausenplatz an. Über dem Essen und Trinken verging aber die Zeit schneller als gedacht, und als der Lautsprecher am Bahnsteig zu quäken begann, mussten wir uns ziemlich beeilen, die Rucksäcke zu schultern und durch die Unterführung zu sausen.

Oben stand ein Zug abfahrbereit da, und wir kletterten flugs hinein. Ich wunderte mich, dass er so voll war und so viele Leute am Dienstag Nachmittag über den Pyhrn fahren wollten, da erhob sich die Lautsprecherstimme wieder und zählte Orte auf, die eigentlich nicht auf unserer Strecke lagen. Eine kurze Frage an die Mitreisenden klärte die Sache schnell: Dieser Zug fuhr nach Innsbruck und daher eindeutig in die falsche Richtung. Also sprangen Bina und ich wieder hinaus auf den Bahnsteig, und der Zug rollte los, tatsächlich in die andere Richtung als wir wollten.

Währenddessen hatte der Lautsprecher behauptet, dass unser – der richtige – Zug jetzt vom Bahnsteig 5 abfahre. Nun erstreckt sich der Bahnhof Selzthal über gefühlte 2 km Länge, und wo war der Bahnsteig 5? Endlich wies uns ein blauer Pfeil mit den Bahnsteigangaben an der Wand des Bahnhofsbuffets den rechten Weg. Jetzt aber los!

Wir schafften es, denn es war Gott sei Dank nicht weit. Der Schaffner warf gerade den abschließenden Blick die Wagenreihen entlang, als wir um die Ecke des Bahnsteiges bogen, und ließ die schon halb zum Abfahrtssignal erhobene Hand wieder sinken. Eilig erklommen wir den letzten Wagen und ließen uns in die erstbesten Sitze fallen, da rollte der Zug auch schon los.

„Ich werde doch meinen besten Passagieren in diesem Wagen nicht davon fahren", grinste der Schaffner wenig später, als ich mich bei ihm bedankte. Tatsächlich: Es war sonst niemand im Wagen.

Das animierte Bina sogleich, den Zug in ein

Zirkuszelt umzudenken, in dem sie alle möglichen Kunststücke aufführte, die ihr gerade einfielen. Der Schaffner sah ihr eine Weile grinsend durchs Gangfenster zu und verschwand dann für lange Zeit. –

Im vollen Anschlusszug auf der Westbahn verfiel Bina auf eine neue Beschäftigung: das Studieren ihrer Mitreisenden. Dazu gehörte, den Menschen möglichst lange ins Gesicht zu blicken, bis sie reagierten. Höchst interessant, und so hielt ich sie nur halbherzig davon ab. Selbst ein Klogang durch den ganzen Zug nützte nichts, denn kaum waren wir zurück, nahm sie ihre Tätigkeit umgehend wieder auf.

Der Rest der Reise war dann rasch zu Ende gebracht. Denn als sie in Melk ihren Papa sah, wollte sie ihre vielen Abenteuer gleich heraussprudeln. Aber kaum saß sie in ihrem gewohnten Autositz, fielen ihr die Augen zu – ja, Reisen ist eben abenteuerlich, aber auch anstrengend.

Wenn man gerade erst 4 war, überhaupt.

Queensland Rail I

Ich durchquere frohgemut den Bahnhof von Cairns. Trotz minimaler Bekleidung ist es frühmorgens schon ziemlich heiß. Der „Sunlander" steht abfahrbereit am einzigen Bahnsteig, eine lange Reihe silberglänzender Wagen. Mein Platz ist im zweiten Waggon von vorne, gleich hinter dem laut brummenden Generatorwagen für die Klimaanlagen. Die Plätze sind bereits alle besetzt, ich bin der letzte und werde tuschelnd kommentiert, wahrscheinlich wegen meines nicht klubfähigen Outfits.

Als der Lautsprecher zu quäken beginnt und die Passagiere willkommen heißt, beginnen alle wie auf Kommando hektisch in ihrem Handgepäck zu kramen - und große Wolldecken hervorzuholen. Bevor ich mich noch wundern kann, beginnt der angrenzende fensterlose Wagen laut zu heulen, und bei uns erhebt sich ein zuerst lauer Wind, dessen Temperatur nach wenigen Sekunden um gefühlte 30 Grad fällt. Bald kauern alle anderen Passagiere fest eingehüllt in ihren Sitzen, außer mir. Ich habe nicht einmal einen Pullover mit, nur eine dünne Regenjacke. In die wickle ich mich notdürftig, um nicht an Ganzkörperrheumatismus zugrunde zu gehen.

Es bleibt eisig. Also versuche ich dem Eisenbahnfahren, auf das ich mich schon so gefreut habe, seine positiven Seiten abzugewinnen. Schließlich sollen wir für die 300 Kilometer bis Townsville den ganzen Tag unterwegs sein.

Die erste Überraschung ist, dass der Zug seinem Namen „Express" nicht wirklich gerecht wird, da die Höchstgeschwindigkeit geschätzte 70km/h beträgt. Natürlich, denke ich mir, ist ja auch eine Schmalspurbahn, zwar breiter als die „Krumpe" bei mir daheim, aber deutlich enger als alles andere.

In der ersten Station, die nur aus einer kleinen Hütte in der Größe von zwei Dixiklos besteht, steigt unser Schaffner aus und holt aus der Hütte eine kleine Stehleiter mit Geländer. Die stellt er vor die Wagentür und geleitet eine ältere Dame fürsorglich darüber hinunter. Jetzt beginnt er in sein Funkgerät zu sprechen, und der Zug fährt zwei oder drei Wagenlängen weiter, weil dort auch jemand aussteigen will. Das wiederholt sich noch einige Male, dann kommt die Leiter wieder in die Hütte. Jetzt geht´s aber noch immer nicht weiter. Der Schaffner trägt einen kunstvoll geschnitzten Stab - Token genannt - in die Hütte und holt von dort einen anderen: vorsintflutliches Sicherungssystem auf der eingleisigen Strecke. Jetzt können wir endlich weiterfahren. Das geht noch viele Male so.

Dazwischen gibt es doch eine Stadt mit einem Bahnsteig. Da bleibt der Zug nur einmal stehen, dafür aber ziemlich lange, weil zuerst die Lok und dann der heulende Generatorwagen tanken müssen. Praktischerweise gehen währenddessen Bedienstete mit Snacks und Getränken durch den Zug. Meine Vorfreude auf ein wohlmundendes FourX wird aber bitter enttäuscht, denn in Queensland gibt es in der Öffentlichkeit keinen Alkohol.

So bin ich zum ersten Mal im Leben froh, dass zur Abenddämmerung diese Bahnfahrt endlich für mich überstanden ist!

Queensland Rail II

Nach etlichen Besuchen von Freunden will ich auf der Schiene von Bowen nach Townsville zurück. Man findet heraus, dass ein „railmotor" fahren würde. Ich kann mir darunter nichts vorstellen.

Es nähert sich ein rundliches, silberglänzendes Ding auf dem Gleis, das sich als zweiteiliger Triebwagenzug herausstellt. Ich stelle mir einen „Blauen Blitz" in Silber vor - nein, der wäre weitaus ästhetischer. Dennoch steige ich die engen Stufen hinauf - hier ist kein Schaffner mir einer Stiege zur Stelle. Wie der „Sunlander" kann auch dieser Zug seine amerikanische Verwandtschaft nicht verleugnen. Allerdings arbeitet die Klimaanlage sehr unauffällig (gibt's überhaupt eine?), es ist richtig gemütlich, sogar die Fenster lassen sich öffnen.

Das Betriebsgeräusch erinnert mich an den Linienbus nach Texing aus meinen Kindertagen, einen Steyr 380: Vor dem Anfahren längere Versuche, den 1. Gang einzulegen. Dann kann ich bei jedem Gangwechsel das Zwischkuppeln förmlich fühlen. Nach dem 3. Gang kommt nichts mehr, schneller geht's eben nicht. Ich habe meinen Wagen die meiste Zeit für mich allein, niemand tuschelt über meine Basisgarderobe. Einige mitfahrende Aboriginalkinder sind überhaupt barfuß unterwegs, wir unterhalten uns bestens.

Weiter nach Cairns beschließe ich mit einem Güterzug zu fahren. Der hat ganz hinten einen Personenwagen aus den 1930er-Jahren mit, ganz wie aus einem Western, 1. und 2. Klasse, keine Klimaanlage, dafür Holzjalousien vor den Fenstern. Zuerst setze ich mich brav in die 2. Klasse, weil wir aber nur zwei Passagiere sind, probieren wir die 1. Klasse aus und bleiben dort. Die Lederbezüge picken da wie dort, sind aber viel breiter. Das ist in der Nacht von Vorteil, man liegt sehr bequem.

Noch ist Nachmittag. Der Zug schlängelt sich in den Ortschaften den Gartenzäunen entlang, spielt manchmal Straßenbahn und bleibt immer wieder stehen, um zu verschieben. Die freundlichen Schaffner zeigen uns jedesmal den Weg zur nächsten Bar und erwarten dafür, dass wir ihnen ein paar Flaschen Bier mitbringen. Daher warten sie auch immer, bis wir wieder zurück sind.

Eigentlich eine sehr angenehme Art zu reisen. Als es dämmert, haben wir noch nicht einmal die Hälfte des Weges zurückgelegt. Aber die Abstände zwischen den Halten werden größer, von den Haltestellen zu den Bars allerdings auch. Irgendwann gegen 2 Uhr morgens werden wir wieder aus dem Dämmer gerüttelt. Die Schaffner haben Durst und schicken uns zur einzig noch offenen Bar, die gute 20 Minuten entfernt ist. Alleine würde ich wahrscheinlich nicht hineingehen, aber mein Gefährte weiß, wie er tun muss, und als wir den Tresen erreichen, stehen unsere Biere schon da. Mein Rucksack ist schnell gefüllt, und schwer beladen treten wir den Rückweg an, von den Eisenbahnern schon sehnlich erwartet.

„Letzter Aufenthalt vor Cairns" heißt es gegen 4 Uhr früh. Kurz vor neun sind wir da, durchgeschwitzt und -gespült, aber sehr vergnügt.

Ein langer Tag am Strand liegt vor mir.

Sie konnten zusammen nicht kommen

Es war in der Vor-Handyzeit. Meine Frau hatte beruflich in Baden bei Wien zu tun, abends wollten wir gemeinsam ein entwicklungspolitisches Treffen in Wien besuchen. „Ich fahr in der Früh mit dem Auto nach Baden. Aber nach Wien fahr ich nicht hinein", sprach sie am Vorabend, „das musst du tun!"

Gut, das ist mir kein Problem, dachte ich, und sagte laut: „Einverstanden. Ich komme nach der Schule mit dem Zug. Aber wir müssen uns irgendwo am Stadtrand treffen, denn wenn ich bis Baden fahren muss, wird es zu spät."

Nach einigem Grübeln bot sich Siebenhirten als Endstelle der Linie U6 an, die vom Westbahnhof leicht erreichbar ist. Außerdem war das die einzige U-Bahnstation Wiens, die ich noch nicht kannte; mein Interesse war also schon deshalb sehr groß. Ich suchte eine passende Verbindung heraus, und die Sache wurde besiegelt: „Um 16 Uhr in Siebenhirten!"

Ich freute mich schon sehr auf diesen Ausflug, einerseits auf das Treffen, bei dem wir interessante Menschen aus verschiedenen Kontinenten kennen lernen würden, andrerseits auf das Zug- und U-Bahnfahren. War ich doch in meinen Kinder- und auch noch Jugendtagen viel mit Straßen- und Stadtbahn unterwegs gewesen und hatte alle Linien und Strecken auswendig gekannt. Jetzt, Jahrzehnte später, ist es mir immer noch ein Vergnügen, die Veränderungen direkt am Objekt im wörtlichen Sinne zu erfahren.

Deshalb stand ich auch wie in alten Tagen hinter dem U-Bahnfahrer, allerdings durch eine Tür von ihm getrennt, aber die getönte Scheibe bot zumindest ein wenig Ausblick auf die Strecke. In Siebenhirten ist es Zufall, auf welchem der beiden Gleise der Zug einfährt. Die beiden Außenbahnsteige münden in ein gemeinsames Stiegenhaus, das hinunter auf den Vorplatz führt.

Gut gelaunt verließ ich den Wagen und sah mich um. Nein, hier war kein Platz zum Warten, also stieg ich hinunter in die Halle. Die wenigen Bänke waren mit türkischen Müttern besetzt, meine Frau war nirgends zu sehen, obwohl ich pünktlich war. Ich überlegte, woher sie kommen würde: In Frage kam eigentlich nur die Straße zum Platz und zum Parkhaus. Also wartete ich, stets die Zufahrt im Auge.

Aber sie kam nicht. Nach 20 Minuten stieg ich wieder zu den Bahnsteigen hinauf: Vielleicht wartete sie doch dort und ich hatte sie übersehen? Nach einigem Warten stieg ich wieder hinunter, niemand zu sehen. Da kam mir der Gedanke, dass es vielleicht noch einen Zugang zur Station geben könnte. Und wirklich, ganz am anderen der Bahnsteige führte auf jeder Seite eine enge Stiege hinunter und mündete in eine enge Seitengasse.

Nach einigen Runden um die Station gab ich es auf und fuhr zurück zum Westbahnhof und weiter Richtung Heimat. Wir kamen gleichzeitig an, jeder auf seine Weise ungehalten. Sie hatte zuerst oben am Bahnsteig gewartet, am fernen Ende, und dann waren wir offenbar beide derart im Kreis gegangen, dass wir uns nicht getroffen haben.

Aber weil Humor hat, wer trotzdem lacht, ließen wir den unseligen Tag mit einem Glas Raki ausklingen.

Unterwegs

Ich bin gerne unterwegs, mit allem, was Räder hat. Und ich träume mich oft vorbereitend in die nächste Reise hinein. Das heißt nicht, dass ich alles bis ins letzte Detail plane und nichts dem Zufall überlasse. Wenn ich mit dem Auto oder dem Motorrad ein Land bereise, weiß ich morgens oft genug noch nicht, wo ich die nächste Nacht verbringe – dort, wo es mir gefällt. Und das lässt sich nicht immer voraussagen.

Ich erinnere mich noch gut an die Ratlosigkeit, die mich auf meiner ersten größeren Motorradreise in Villach befiel, als die dortige Jugendherberge keinen Platz für mich und meinen Beifahrer hatte. Müde von der langen Fahrt über die Alpen und durchnässt von einem heftigen Gewitter hatte ich mich schon sehr auf einen Platz im Trockenen gefreut. Doch an der Tür steckte ein Zettel mit dem Hinweis, dass es im Kolpinghaus Schlafgelegenheiten gäbe. Diese stellten sich zwar nur als ein Stück Fußboden im ausgeräumten Speisesaal heraus, aber es war warm und trocken. Als wir in der Früh erwachten, war der Saal bis auf den letzten Quadratzentimeter belegt.

Ähnlich ging es mir in Oslo, wo ich mit meinen beiden Beifahrern müde aus meinem Puch 500 kroch und feststellte, dass die im Verzeichnis angegebene Jugendherberge eine Schule war, deren Klassen man während der Ferien mit Militärbetten vollgefüllt hatte. Mit 30 Unbekannten in einem Raum zu schlafen ist nicht schlimm. Das Problem aber tauchte bei der Suche nach den Toiletten auf: Es gab zwei in Frage kommende Türen, beschriftet mit „Piker" und „Gutter". Während wir noch ratlos, aber ziemlich in Nöten davor standen, entstieg einer der Türen eine junge Dame, und wir wussten, dass die andere Tür unsere war.

Eine teure Angelegenheit befürchtete ich, als einem Reifen meines Puch auf einer deutschen Autobahn die Luft ausging, während ich gerade eine Kolonne Lastwagen zu überholen versuchte. Die grinsenden Gesichter der Chauffeure, als ich mich zwischen ihnen Richtung Pannenstreifen durchzwängte, sehe ich heute noch vor mir, ebenso den Pannenfahrer, den ich brauchte, weil der Reservereifen auch platt war. Er hatte von weit her kommen müssen, nur um meinen Reifen aufzublasen. Aber als er mein Fahrzeug klein und verschämt dastehen sah, erfasste ihn eine unbändige Heiterkeit, sodass er auf jede Form einer Bezahlung verzichtete und beim Davonbrausen noch lange winkte.

Eine ähnlich heitere Situation erlebte ich an der deutsch-luxemburgischen Grenze. Auch da war ich, wie so oft, mit meinem guten, weit über 20-jährigen 500er unterwegs. Und wenige Meter vor der Grenze riss das Seil, das Gaspedal und Vergaser verbindet. Die Reparatur mittels einer Lusterklemme - Der Weise trägt bekanntlich all das Seine mit sich! - war kein Problem, erregte aber das Misstrauen des hinter einer großen Scheibe thronenden Zöllners. Doch als wir fertig waren und an seine Klause rollten, um die Pässe her zu zeigen, saß er bereits gemütlich bei der Jause und winkte uns nur grinsend mit seinem Brotmesser weiter...

Weiter unterwegs

Beim Reisen sind Grenzen ein eigenes Kapitel. Einmal war ich während der Semesterferien unterwegs nach Holland - natürlich mit dem Pucherl - und geriet an der Grenze bei Aachen in einen endlosen Stau. Nach langer Zeit endlich in den Abfertigungsbereich gelangt, den ich einige Monate vorher ohne jede Kontrolle passiert hatte, wurde mein winziges Fahrzeug von etlichen bis an die Zähne bewaffneten Polizisten umringt; einer riss die Tür auf, nachdem er eine Weile die Schnalle auf der verkehrten Seite gesucht hatte, hielt mir eine Pistole vor die Nase und fragte barsch, ob ich Waffen wie Maschinengewehre oder ähnliches mithätte. Ich war so erstaunt über dieses Ansinnen, dass ich lachen musste und zurückfragte, wo denn in meinem Auto ein Maschinengewehr Platz haben sollte. Dass dies wirklich nicht möglich war, sah der Beamte rasch ein, fragte aber weiter nach Revolvern oder Messern. Damit konnte ich endlich dienen. Ich griff in das Handschuhfach, während ich aus den Augenwinkeln feststellte, dass sich mindestens fünf Gewehrmündungen auf mich richteten, und präsentierte stolz meinen uralten

Taschenfeitel mit dem grünen Holzgriff, den ich als Kind einmal auf einem Kirtag bekommen hatte und der mir als Universalwerkzeug schon viele gute Dienste geleistet hatte. Der Polizist glotzte eine Weile darauf, dann machte er eine heftige Bewegung mit der Hand, stieß einen unartikulierten Laut aus und schrie endlich: „Weiterfahren!" Mein Beifahrer und ich lachten noch lange, nicht nur ob der unfreiwilligen Komik dieses Ereignisses, sondern weil wir doch nicht als die gesuchten molukkischen Terroristen verhaftet worden waren.

Eine ähnliche Spezies waren die Mautbeamten an Autobahnen. Wir waren mitten im dichtesten Verkehrsgewühl von Mailand unterwegs und kamen uns mit dem Pucherl zwischen den vielen Cinquecentos wie im Autodrom vor. Da riss das Kupplungsseil. Diesen Ersatzteil hatte ich leider nicht mit, daher beschlossen wir, die Stadt fertig zu besichtigen und dann während der Nacht heimzufahren. Ich fand bald das rechte Gefühl, die Gänge ohne wesentliche Geräusche zu schalten; eine verflixte Sache war aber das Anfahren bei den grundsätzlich rot zeigenden Ampeln. Daher öffneten wir das Faltdach, das sich komplett samt Heckscheibe einrollen lässt, meine beiden Beifahrer schoben das Auto an (mit eingelegtem Gang!) und kletterten über das Heck ins Innere, sobald das Fahrzeug mit Motorkraft lief. So gelangten wir glücklich auf die Autobahn, doch hieß es vor der ersten Mautstation in einer langen Reihe von Fahrzeugen bald wieder anhalten. Wir mussten daher unser Fahrzeug bis zur Inkassostelle zu schieben. Die Gesichter der Mautbeamten werde ich nie vergessen, die aus allen Kobeln zusammenliefen, um zu sehen, was die Verrückten, die ein Auto auf der Autobahn daherschieben, weiter tun werden. Indes, der Start gelang perfekt, meine Beifahrer flankten elegant von hinten herein und wir brausten winkend davon.

Noch immer unterwegs

Auch Polizisten sind nur Menschen, selbst wenn sie sich manchmal anders gebärden. Das merkte ich deutlich, als ich einem freundlichen Wegweiser auf seiner Vespa mit meinem Motorrad durch die italienische Hafenstadt Genua zu folgen versuchte. Irgendwann, nach unzähligen Ignorierungen roter Ampeln oder von Einbahntafeln verlor ich ihn im Verkehrsgewühl eines riesigen Platzes aus den Augen und kam direkt vor einem Podest zu stehen, auf dem ein schwitzender Polizist mit einem weißen Stab herumfuchtelte und dabei ständig in eine Trillerpfeife blies. Als ich ihn ansprach, ließ er sogleich von seinem ohnedies völlig vergeblichen Tun ab, stieg von seiner Kanzel und begann mit glücklicher Miene eine sehr lange Unterhaltung, an deren Ende er persönlich vor mir durch das Gewühle schritt und so eine Gasse öffnete, durch die ich tatsächlich die richtige Straße erreichte.

Als ich im Studentenalter nach einem gebrauchten Puch500 Ausschau hielt, wurde ich bei der Post in Linz fündig. Nach der Versteigerung waren gleich drei solcher Fahrzeuge mein Eigen, da jedes irgendwie unvollständig war und ich hoffte, wenigstens eines komplettieren zu können. Eines davon fuhr, hatte aber keine Scheinwerfer und Scheibenwischer. Dennoch montierte ich die blauen Taferl und machte mich auf den weiten Heimweg. Doch bei Enns war wegen der Maul- und Klauenseuche anzuhalten und die Füße zu desinfizieren, worüber ein Gendarm wachte. Der war allerdings in ein wichtiges Gespräch mit einem Passanten vertieft, sodass er den ruinenhaften Zustand meines Fahrzeuges gar nicht wahrnahm. Dass ich auf den letzten Kilometern in ein Gewitter geriet, sei nur am Rande erwähnt, wichtiger ist die dabei gewonnene Erfahrung, dass die Ärodynamik die Regentropfen offenbar über die Scheibe hebt, solange man flott unterwegs ist - diese Eigenschaft sollte mir wegen des sehr bescheidenen Wischtempos noch oft von Nutzen sein. Leider holte ich einen Traktor ein, daraufhin musste ich stehen bleiben, und das dann bis zum Ende des Gewitters.

Geschichten vom Reisen weiß ich noch viele, schließlich bin ich genug oft unterwegs. Nur noch eine Anekdote aus der jüngeren Vergangenheit, als eine Streife der Exekutive in einem Nachbarort zu nächtlicher Stunde Verkehrskontrollen durchführte und mich anhielt, während meine Tochter gerade eine Übungsfahrstunde absolvierte. Ein Beamter erklärte einem schlotternden jungen Mann gerade, wie er zu „blasen" habe, der andere aber blickte nur kurz herein, grinste freundlich: „Ah, Sie sind's, Herr Fachlehrer!" und winkte uns weiter, während meiner Tochter der Mund vor Staunen offen blieb. Wir waren uns erst wenige Tage vorher am Sprechtag in meiner Schule begegnet und hatten aus der Zeit geplaudert, als ich ihm Physik beibrachte...

Ja, Reisen ist eben immer etwas Aufregendes, Spannendes und oft genug Vergnügliches...

Beinahe - Sieg

Ich fiebere dem Start des Seiberer-Bergrennens entgegen. Mein Puch 500 lässt seine beiden Zylinder röhren wie einst bei der Rallye Monte Carlo. Ja, so habe ich es mir immer vorgestellt! Nicht so wie früher, als die 16 PS bergauf nur für den 2. Gang reichten, Mopedlenker grinsend überholten und Brummifahrer höchstens mitleidig herab blickten. Nein, heute würden wir es allen zeigen, die jemals an uns gezweifelt hatten!

Der Rennleiter stellt sich in Positur, hebt die karierte Flagge und senkt sie blitzartig. Jetzt geht's los! Ich habe mir immer gewünscht, mit dem Puch einmal einen richtigen Kavalierstart hinlegen zu können - jetzt ist es geglückt! Ringsum pfeifen die Reifen wie wild, die Gänge sind tatsächlich dort, wo ich den Schalthebel hin knalle, die Strohballen der ersten Kurve huschen vorbei.

Ein grell lackierter Mini schiebt sich heran. Na warte, dir zeig' ich's aber! Schön die Ideallinie einhalten, in der ersten Serpentine gleich einen ordentlichen Drift hinlegen, da kann sich der Mini brausen gehen, das bringt der nie zusammen! In der nächsten Kurve ist innen ein leerer Holzlagerplatz, also eine willkommene Abkürzung. Der Mini hat dieselbe Idee und bleibt hartnäckig im Rückspiegel. Auf dem Schotterboden wachle ich ein paarmal mit dem Hinterteil, dass die Steine nur so spritzen und den Mini auf Distanz halten. Ha, das macht Freude!

Zurück auf den Asphalt! Ein forscher Drift, einige Meter auf zwei Rädern, und schon geht's wieder flott voran. Was der lahme Herbie kann, kann mein Puch schon lange! Aber wieso ist der Mini jetzt vorne? Na warte, so geht das nicht!

Auf der langen Geraden will der Mini davon ziehen, aber ich weiche nicht aus seinem Windschatten. In den folgenden Kurven liegen wir gleichauf, einmal bin ich innen, einmal er. Weit vorne kommt eine Kehre, aber da führt ein Feldweg den Berg hinauf - eine Abkürzung! Ich zögere nicht und reiße das Lenkrad herum - keine Sekunde zu früh, denn der Mini tut es mir nach. Der Weg ist schmal, unsere Autos auch - Seite an Seite kämpfen wir uns den Berg hinauf. Ja, so geht es zu bei der Rallye Paris - Dakar!

Vorne liegen Baumstämme am Wegrand! Ein kühner Schlenkerer zur rechten Zeit, und schon brause ich mit den rechten Rädern darüber hin, schneller als im Matsch des Weges, ja der Mini fällt zurück, mit seinen Kinderwagenrädern ja auch kein Wunder.

Mit einem Plumps bin ich wieder mit allen Rädern auf dem Boden. Der Motor heult, die Räder drehen durch. Kein Problem, wozu bin ich Eisenbahner? Also kurz Sand gestreut, und schon geht's dahin über die Wurzeln und die Gatschlacken, dass der Scheibenwischer fast nicht mitkommt. Als ich wieder die Straße erreiche, qualmt gerade ein Goggomobil vorbei - wo kommt denn das her? Noch vom vorherigen Durchgang? Egal, der sieht auch nur meinen Auspuff -

Jemand hupt. Ausdauernd. Ich schrecke auf, schau mich um. Stehe mit meinem Puch vor dem offenen Schranken der Rollfähre über die Donau.

Keine Rallye, kein Sieg. Schade. Aber schön wär's schon gewesen...

Schottland I

Schottland! Als mein Bruder und ich eines Wintertages auf dieses Reiseziel verfielen, hatten wir mit meinem Motorrad bereits einige Erfahrung mit dem Linksverkehr gesammelt. Beim Studium der Fährentarife stellten wir überrascht fest, dass die nächtliche, fast 9 Stunden dauernde Verbindung von Zeebrugge nach Felixstowe weniger kostete als die kurze Überfahrt von Calais nach Dover; außerdem umgingen wir so den Großraum London.

Unser alter Puch 500 war bald reisefertig, das Fetzendach geflickt, Zelt, Matten, Schlafsäcke und Kochgeschirr in ausgeklügelter Weise verstaut, Landkarten erworben, eine Umrechnungstabelle Kilometer und Meilen erstellt und Pfunde eingetauscht. Nach zwei öden Autobahntagen warteten wir in Belgien in vorderster Front aufs Einschiffen - und wurden ins hinterste Eck des untersten Decks verbannt, von wo wir in England als letzte wieder ans Licht kamen.

Edinburgh erwies sich als anders, als ich es mir vorgestellt hatte - englisch und doch nicht.

Der mächtige Felsen mit der Burg einerseits, der weite Firth andrerseits, die endlose Royal Mile, die windigste Stiege Großbritanniens, die Dudelsackspieler an den Straßenecken - und einige Scherzbolde, die unser winziges Auto nachts auf einen anderen Parkplatz getragen hatten.

Als würdige Ergänzung am nächsten Tag Sterling Castle: blutige Schlachten zwischen England und Schottland, Namen wie Mary Stewart oder Oliver Cromwell sind mit dem Ort eng verbunden; aber auch Bob Dylan wurde erwähnt! Hier überquerten wir auch den Firth of Forth hoch oben auf einer spektakulären Hängebrücke, ständig wild lenkend, weil uns der starke Wind über die ganze Fahrbahn blies. Die riesige Eisenbahnbrücke daneben erinnerte mich an Fontanes Ballade von der "Brück am Tay" und Shakespeares "MacBeth", ein wahrhaft historischer Boden.

Nun ging es hinauf in die Grampians, und bald wurde uns klar, dass hier mehr Schafe als Menschen leben, völlig unbeeindruckt von den hunderte Kilometer langen geschichteten Steinmauern. Loch Ness erwies sich als endloser Graben, den es zu umrunden galt. Eine Nessie-Exkursionsfahrt mit dem Motorboot wurde wegen des hohen Seeganges eine exklusive Sache für wenige Auserwählte. Wie lange eine Schiffsreise durch den Caledonian Channell mit seinen unzähligen Schleusen wohl dauert?

Nun erklommen wir die berühmten Highlands: Bäume wurden zur Seltenheit, die Straße zum einspurigen Güterweg - alle paarKilometer eine Tafel: "Passing Place Ahead", den wir mit unserem Puch aber meist nicht brauchten; kontinentale Wohnwagenfahrer ließen uns immer vor. Endlich wieder an der Küste angelangt, fanden wir immer wieder Ruinen von Burgen, aus dem vorhandenen Gestein aufgebaut, sodass oft nicht erkennbar war, wo der Felsen aufhört und das Mauerwerk beginnt. Und Ruinen von gewaltigen Klosteranlagen - in der kargen Gegend bot offenbar selbst das asketische Mönchsleben eine gewisse Sicherheit und Versorgung.

Schottland II

Mit John o´Groats erreichten wir bei stürmischem Wetter den nördlichsten Punkt der britischen Insel, markiert von einem neu gebauten Leuchtturm, während der alte darauf wartete, mit der von der Brandung gepeitschten erodierenden Klippe im Meer zu versinken - und wieder Fontane: "Tand, Tand ist das Gebilde von Menschenhand". Wir wären gern zu den Shetlandinseln übergefahren, aber der Sturm verhinderte das erfolgreich. In der Jugendherberge von John o´Groats wurden wir mit Säcken in den Keller um Kohlen für den Kamin geschickt, dafür war die Übernachtung günstig. Abends um den offenen Kamin sitzen, während draußen der Sturm tobt, hoffen, dass er das Fetzendach nicht zerreißt, mit jungen Leuten aus allen möglichen Ländern reden, merken, wie kümmerlich das eigene Englisch ist, feststellen, dass es eigene schottische Banknoten gibt, draufkommen, wie weit weg von daheim man hier am Ziel der Reise eigentlich ist und dass es den ganzen Weg auch wieder zurück gehen muss - es war eine spannende Nacht.

Der Rückweg begann eigentlich als Entfernweg, denn wir strebten der Westküste zu, hoffend auf besseres Wetter. Wir erreichten die Fähre zur Isle of Skye am Ende einer langen Autoschlange, doch ein Matrose erspähte uns und winkte uns nach vor: Unser Puch hatte gerade noch Platz. Und nein, Blicke können nicht töten, jedenfalls nicht von hinten. Die einzige Jugendherberge war voll, eine Schar junger Leute saß missmutig davor im nassen Gras. "Ihr habt wenigstens ein Auto!", rief jemand. Ich freue mich immer, wenn wer den Puch Auto nennt, aber die Nacht darin war wenig bequem, kalt und feucht, weil das Dach doch nicht dicht war. Dafür am nächsten Tag ein echtes Highlight: Ein Schäfer führte seine Herde durch ein Dorf, unterstützt von drei Collies, die völlig selbständig agierten. Einer brachte einige Ausreißer zurück, indem er durch die Gärten lief und ihnen so den Weg absperrte. Absolut spannend.

In Fort William dann das zweite Highlight: Highland Games mit Tossing The Timber, Hammerwerfen, Reel-Tänzen, Pipes&Drums-Bands und vielem mehr. Daneben verblasste selbst der ehrwürdige Ben Nevis, auf dessen Gipfel ich mich im dichten Nebel wiederfand - es sollte Jahre später wieder so sein. Dafür leben unten auf den den Atlantikklippen jede Menge Robben! Und im Wasser lebt der Haddock, der dort überall der"fish" zu den "chips" ist, wie ich bei einer Kellnerin erfragte, zum großen Gaudium der einheimischen Barhocker.

Die nächste Jugendherberge war nur über Wiesenwege durch etliche Kuhgatter zu erreichen, was einen Puch aber nicht bekümmert; wir waren die einzigen Gäste, von den beiden jungen Wirtsleuten fürsorglich betreut, obwohl es außer einigen Dosen von "Heinz" nichts zu kaufen gab. In der Früh mussten wir dafür mit Scheibtruhe und Hacke in den Wald um Feuerholz gehen, sonst hätte es keinen Tee gegeben.

Auf der Weiterfahrt Richtung Süden wurde uns bewusst: Fast 2000km bis heim - aber Wales und Cornwall müssen auch noch sein! → 3

Schottland III

Der Titel ist eigentlich irreführend, denn nachdem wir auf dem Weg nach Süden Glasgow passiert hatten, verließen wir Schottland. Nach einem langen Tag auf der Autobahn erreichten wir Liverpool und überquerten bald danach die Grenze zu Wales. Der auffälligste Unterschied zu Schottland ist die Sprache, das fällt sogar beim Autofahren auf. Waren in Schottland manche Hinweistafeln zweisprachig, waren es in Wales alle. Und da auf vieles immer noch verbal statt mit einem piktografischen Schild hingewiesen wurde, hatten diese Tafeln ziemliche Dimensionen. Walisisch ist deutlich buchstabenreicher als Englisch; wer diese Botschaften im Vorbeifahren lesen und verstehen kann, muss ein virtuoser Leseakrobat sein.

Ein weiterer Unterschied sind die Touristen. In Schottland sind es viele Kontinentaleuropäer, oft mit Campervans unterwegs. Hier in Wales macht die feine britische Gesellschaft Urlaub, und die ist mit Rolls Royce unterwegs; die meisten sind sichtlich schon mehrere Generationen im Familienbesitz, aber einzelne wirken fast modern. Auf einer schmalen, kurvigen Landstraße sind wir lange einem solchen neueren Modell hinterhergefahren und haben uns mit den darin reisenden Kindern per Winkzeichen bestens unterhalten, aber auf einem städtischen Boulevard sind diese Fahrzeuge eindeutig besser aufgehoben.

Eines unserer Ziele war der Snowdon bzw. die hinaufführende einzige Zahnradbahn Großbritanniens. Wir erkundeten die Lage des Bahnhofes, die Abfahrtszeiten und Tarife und fanden ganz in der Nähe einen Campingplatz, dessen Büro allerdings schon geschlossen hatte. Der Wirt im benachbarten Pub meint, wir könnten unser Zelt ruhig aufstellen und am nächsten Morgen zahlen; doch war in der Früh noch immer niemand da. Wir hatten aber kein schlechtes Gewissen, denn das warme Wasser in der Dusche gab es eh nur nach Münzeinwurf.

Der Frühzug der Zahnradbahn gehörte uns, wir genossen den langsamen, ruckelnden Aufstieg. Doch bald wurden quasi die Vorhänge zugezogen, wie im Flugzeug, wenn es durch die Wolken fliegt, und das war es ja auch: Sicht null. Unser Verbleib oben war daher nur sehr kurz.

Museumseisenbahntechnisch gäbe es hier in Wales vieles zu berichten, von Dampfloks mit zwei Kesseln etwa, aber das ist eine andere Geschichte.

Wir hatten jetzt den Ehrgeiz, nach dem nördlichsten auch den westlichsten Punkt der britischen Insel zu erreichen. Der liegt in Cornwall, wo uns ständig scharfer Gegenwind das Vorankommen erschwerte. Allerdings trocknete der Wind auch das Zelt nach einem nächtlichen Gewitter sehr rasch. Den Campingkocher mussten wir im Auto lassen. Lands End - ein erhebendes Gefühl, dass auf der anderen Seite dieses Wassers schon Amerika liegt!

In Exeter wurden wir von der Polizei zur Seite gewunken - die Queen persönlich kommt gleich vorbei! Und in Portland wollten wir die Wartezeit auf die Fähre verkürzen und auf einem Berg die Aussicht genießen - und standen vor Gefängnistoren.

Jetzt aber heim!

Niugini pasin

Endlich geht es los! Und wieder das bekannte Gefühl zu Beginn jeder Reise: Ist-es-wirklich-richtig-was-ich-jetzt-tue im Kopf und dieses unangenehme Kribbeln im Magen. Aber dann schließt sich das Gate hinter mir und es gibt kein Zurück mehr.

Die Reise in den Südpazifik dauert lange, umsteigen in Zürich und Manila, doch dort hat der Anschlussflieger wegen eines Taifuns einen halben Tag Verspätung. Zunächst ein Glück, denn ich werde in ein Hotel im Zentrum gebracht und sehe so einiges von dieser faszinierenden Stadt mit ihren anmutigen Menschen und den bunten Taxis.

In Port Moresby, der Hauptstadt von Papua Neuguinea, soll mich Father Francis abholen und mir Quartier geben, damit ich am nächsten Tag weiter ins Hochland fliegen kann. Nach einem ziemlich stürmischen Flug über den Äquator kommt Land in Sicht: eher öde, kahle Berge, viele Wolken, kaum Häuser zu erkennen - ich habe eigentlich üppige Südseevegetation erwartet. Dann die nächste Überraschung: Auch als der Flieger steht, springt niemand auf. Dafür erscheint ein Papua in weißem Hemd, blauen Shorts und weißen Socken und schreitet sprayend den Gang auf und ab. Dann erst gibt es das übliche Gedränge zum Ausgang.

Die ausnahmslos hellhäutigen Passagiere verlieren sich rasch in der Menge der Einheimischen. Ich sehe mich suchend um, aber niemand kümmert sich um mich. So ziehe ich mich in eine Ecke der heißen, wenig einladenden Halle zurück und beobachte, während ich warte. Fr. Francis ist Amerikaner, also leicht zu erkennen. Hoffentlich weiß er von der Verspätung.

Die meisten Menschen sitzen auf dem Betonboden, Frauen mit Kindern und vielen bunten Netztaschen, Männer in Gruppen. Sie warten anscheinend auch. Allerdings kommt heute kein Flugzeug mehr. Und dass sie alle Passagiere wären, kann ich mir nicht vorstellen, denn niemand trägt Schuhe. Und dann erschrecke ich: Viele Menschen haben einen blutigen Mund. Die alten Geschichten von den Kopfjägern und Kannibalen fallen mir wieder ein, aber ich verdränge sie sofort. Nein, nicht hier auf dem Flugplatz! Ich gehe hinaus auf die Straße und suche ein Taxi. Da spricht mich ein Weißer an, ob wir uns ein Taxi teilen könnten. Natürlich, und weil meine Adresse näher ist, fahren wir zuerst dorthin, mit einem sehr staubigen, klapprigen Toyota, gelenkt von einem beleibten Papua, nur mit Shorts bekleidet . Auch er hat einen blutigen Mund! Mit Mitfahrer bemerkt mein Entsetzen und klärt mich auf: kein Blut, nur der Saft der Betelnuss. Aha!

Fr. Francis ist nicht daheim, was jetzt? Kurzerhand lädt mich mein Mitfahrer ein, bei ihm zu übernachten. Bei einigen Flaschen SP stellt sich heraus, dass er das Projekt, in dem ich arbeiten soll, kennt, und ich erhalte gleich eine ausführliche Einleitung.

In der Früh bringt er mich sogar zum Flugplatz. In Mount Hagen holt mich tatsächlich unser Field-Officer, ein Oberösterreicher, ab. Als ich meine Geschichte erzähle, lacht er: Das ist niugini pasin, daran musst du dich gewöhnen.

Hoffentlich!

Großstadtweihnacht

Herr Meier ist Fahrer bei der Wiener Straßenbahn. Heute macht er auf der Linie 5 Dienst. Die Strecke ist zwar lang, aber es gibt nur wenige kritische Stellen. Und am Nachmittag des Heiligen Abends ist auf den Straßen nicht mehr viel los. Herr Meier ist mein Nachbar.

Der Wagen ist ziemlich leer. Hinter dem Fahrer sitzt ein Opa mit seinen zwei aufgeregt plappernden Enkeln. Rechts sitze ich, wie fast immer. Ganz hinten hockt eine versunkene Gestalt, die schon die dritte Tour mitfährt. Herr Meier hat Mitleid verspürt und bei der letzten Wende die hintere Tür versperrt.

Die Fahrt geht durch die mit grauweißem Matsch bedeckte, menschenleere Spitalgasse. Aus der Quergasse rechts vorne schleicht sich ein kleines, weißes Auto hervor und streckt seine Nase aufs Gleis. Herr Meier nimmt den Steuerhebel zurück. Das Auto biegt langsam weiter. Dann dreht es sich halb um die eigene Achse und bleibt stehen. Herr Meier beginnt zu arbeiten. Er zieht die Steuerung ganz zurück und bewegt die

Hebel für Sand und Schienenbremse und wartet.

Herr Meier ist zufrieden. Die geschätzten 30 cm Abstand stimmen fast genau. Er fühlt etwas wie triumphierendes Mitleid, denn er weiß, dass die Person im Auto jetzt schreckensbleich das Lenkrad umklammert hält und zu keinem vernünftigen Gedanken fähig ist. Diese Schocksymptome hat er schon oft genug beobachtet. Er öffnet die Tür seines Wagens und tritt ans Autofenster, um dem Lenker seine Meinung zu sagen, während die Staubwolke des unter den Rädern zermahlenen Sandes sich langsam senkt.

Hinter der halb zugereiften Scheibe erkennt Herr Meier zwei große Augen, die ihn ängstlich anstarren. Dahinter auf dem Beifahrersitz steht ein großer Geschenkkorb, zwischen einer Weinflasche und einem Honigglas steckt eine bunte Kinderzeichnung. Die Fahrerin sitzt noch immer unbeweglich.

Herrn Meiers Triumphgefühl ist mit einem Male weg. Er ahnt plötzlich etwas von einer Tragik des Lebens des Menschen, der da vor ihm sitzt und langsam wieder Farbe bekommt.

Gnädigste, sagt Herr Meier deshalb freundlich, wenn auf den Schienen etwas Großes, Rotes kommt, dann ist das die Straßenbahn. Und die hat halt Vorrang.

Ja, sagt Frau Müller. Ja, natürlich. Danke. Entschuldigung. Der erste Gang - der Parkplatz da hinten... mein Sohn ist im Spital... das Herz... wie bei seinem Vater...

Schieben Sie einfach zurück, ordnet Herr Meier nach einem kurzen Blick an, es ist ohnedies niemand anderer weit und breit. Ich weise Sie ein. Frau Müller folgt. Das Einparken geht überraschend glatt. Heute kann sie ihrem Sohn einmal etwas anderes erzählen. Die Besuchszeit dauert noch eine Stunde.

Herr Meier steigt ein und fährt weiter. Die beiden Kinder schnattern noch immer aufgeregt, und Herr Meier zwinkert ihnen beruhigend zu. Bravo, ruft der Opa. Der Sandler hinten ist brummend auf seinen Sitz zurück geklettert und schläft schon wieder. Herr Meier beginnt „Stille Nacht" zu summen, und die Kinder fallen begeistert ein.

Reinhard Schwarz

Verheiratet, Vater von 3 Kindern, Großvater von 5 Enkelkindern Viele Jahre lang Hauptschullehrer in NÖ Viele Jahre freiwilliger Rettungssanitäter des Roten Kreuzes Diplomierter Schulbibliothekar Mitglied der Chorvereinigung „Die TexSinger" Lokführer der Museumseisenbahn „Ötscherland-Express" Entwicklungspolitisch engagiert Mitglied der Autorenvereinigung „Schriftzug 3250" Gelegenheitsdichter in epischer oder gebundener Form, Schriftsprache oder Mundart; Übersetzung, Umarbeitung und Neufassung von Liedtexten

Reinhard Schwarz schreibt auf
www.story.one

Faszination Buch neu erfunden

Viele Menschen hegen den geheimen Wunsch, einmal ihr eigenes Buch zu veröffentlichen. Bisher konnten sich nur wenige Auserwählte diesen Traum erfüllen. Gerade mal 1 Million Autoren gibt es heute – das sind nur 0,0013% der Weltbevölkerung.

Wie publiziert man ein eigenes story.one Buch? Alles, was benötigt wird, ist ein (kostenloser) Account auf story.one. Ein Buch besteht aus zumindest 12 Geschichten, die auf story.one veröffentlicht und dann mit wenigen Clicks angeordnet werden. Und durch eine individuelle ISBN kann jedes Buch dann weltweit bestellt werden.

Jede lange Reise beginnt mit dem ersten Schritt – und dein Buch mit einer ersten Story.

Wo aus Geschichten Bücher werden.

#storyone #livetotell